즐거운 학교 생활을 위한 **1학년**

체험동화

입학 준비

즐거운 학교 생활을 위한

1학년 책임동화 입학 준비

2011년 2월 15일 초판 1쇄 펴냄

펴낸곳 | ㈜ 꿈소담이
펴낸이 | 김숙희
글 | 이동태
그림 | 유설화

주소 | 136-023 서울특별시 성북구 성북동 1가 115-24 4층
전화 | 747-8970 / 742-8902(편집) / 741-8971(영업)
팩스 | 762-8567
등록번호 | 제6-473(2002. 9. 3)

홈페이지 | www.dreamsodam.co.kr
전자우편 | isodam@dreamsodam.co.kr

© 이동태, 2011
ISBN 978-89-5689-728-8 74810
        978-89-5689-725-7 74810 (세트)

즐거운 학교 생활을 위한

1학년 체험동화

입학 준비

글 이동태 | 그림 유설화

소담 주니어

아람이와 새롬이처럼

무슨 일을 하든지 잘할 수 있다는 자신감을 가지는 것이 중요해요.

자신감을 가지면 힘이 나거든요. 그리고 열심히 하고 싶은 마음도 생기지요.

초등학교에 갈 때도 마찬가지예요. 초등학교 생활은 유치원보다 힘들어요. 활동하는 것이 많고, 공부가 어려워요. 또, 모든 것을 스스로 해야 하거든요. 준비물도 스스로 챙기고, 숙제도 스스로 하고, 일기도 스스로 써야 해요.

그뿐만 아니에요. 물건 정리도 스스로 하고, 책상 정리도 스스로 하고, 책가방도 스스로 챙겨야 해요. 갑자기 이런 것들을 하려면 힘들지요. 그래서 잘해 보려는 마음이 생기지 않아요. 힘들면 모든 것이 싫어져요. 공부하기도 싫고, 숙제하기도 싫고, 일기 쓰기도 싫어져요. 그러다가 학교에 가는 것마저 싫어질 수 있어요.

그러나 자신감을 가지면 모든 것이 재미있어져요.

학교에 가서 정해진 규칙을 실천하는 것도 재미있고, 공부하는 것도 재미있어요. 그리고 숙제하는 것도 재미있고, 일기 쓰는 것도 재미있고, 준비물 챙기는 것도 재미있지요.

그뿐만 아니에요. 스스로 물건을 정리하는 것도 재미있고, 스스로 책상 정리하는 것도 재미있어요. 또, 스스로 책 읽는 것도 재미있고, 스스로 책가방 챙기는 것도 재미있지요.

자신감을 가지려면 미리 준비를 해야 해요. 미리 준비를 단단히 하면서 하고 싶은 마음이 생겨요. 자신감이 생기는 거예요.

학교마다 공부하는 것이 조금씩 달라요.

공립 초등학교와 사립 초등학교는 여러 가지로 다른 점이 많아요. 교복 입는 것도 다르고, 스쿨버스 타는 것도 달라요. 그리고 공부를 가르치는 것도 다르고, 어린이들이 활동하는 것도 조금씩 다르지요.

사립 초등학교는 학교마다 특징이 있어요.

어떤 학교에서는 영어를 특히 힘써서 가르치기도 하고, 어떤 학교에서는 음악을 힘써서 가르치기도 해요. 국립 초등학교도 다른 점이 많아요.

이와 같은 학교들 중에서 가고 싶은 학교를 고르고, 준비를 해야 해요. 사립 초등학교나 국립 초등학교에 가려면 우선 추첨을 하여 당첨이 되어야 하겠지요?

학교는 어느 학교에 가든지 상관이 없어요.

어느 학교에 가든지, 입학 준비를 잘하여 가서 열심히 공부하면 칭찬받게 될 것이니까요.

동화 속에 나오는 아람이는 새롬이와 함께 사립 초등학교에 가려고 하였어요. 그런데 추첨에서 떨어지고 말았지요.

아람이는 몹시 슬퍼하며 생떼를 썼어요. 그러다가 가까운 공립 초등학교에 가서 열심히 공부하기로 마음먹었어요. 동네 친구들과 어울려 재미있게 공부하려고 한 것이지요.

아람이는 친한 친구인 새롬이와 같은 학교에 가지 못하였지만, 새롬이와 함께 "나, 일등 할 거야!"라고 자신있게 외쳐요. 아람이는 틀림없이 학교생활을 즐겁게 하여 선생님께 칭찬받게 될 거예요.

여러분도 아람이와 새롬이처럼 "나, 일등 할 거야!"라고 큰 소리로 외칠 수 있게 되기를 바라요. 초등학교 준비를 탄탄하게 하여서 말이에요.

초등학교 **견학** 12

예방 주사 20

재미 있는 **공부** 30

일등 **엄마** 40

축첩하는 날　50

일등 할 거야　61

예비 학부모를 위한 초등학교 생활 가이드　78

초등학교 견학

마침내 아이들이 유치원 선생님 뒤를 졸졸 따라 나왔어요.

"새롬아, 엄마 여기 있다."

새롬이가 달려와 어머니 품에 안겼어요.

"엄마, 왜 왔어요?"

"왜 오다니? 새롬이 데리러 왔잖아."

"저, 혼자 갈 수 있는데. 큰길 하나만 건너면 되는

걸요."

"아람아, 엄마 여기 있어."

아람이도 달려와 어머니 품에 안겼어요.

"엄마, 새롬이랑 가면 안 돼요?"

"엄마랑 가려고 왔는데, 왜 너희들끼리 가고 싶어해?"

"새롬이랑 가면 재미있을 것 같아서요."

"선생님이 그러셨어요. 스스로 하면 재미있을 거
래요."

새롬이가 옆에서 거들었어요. 아람이는 힘이 나서 큰 소리로 말했지요.

"초등학교에 가려면 스스로 하는 힘을 길러야 된 대요."

"어머나! 우리 아람이가 이런 말을 다 하네."

"선생님이 그러셨어요."

"그래 그래. 집에 가서 스스로 하도록 하렴. 어서 집 에 가자."

아람이와 새롬이는 어머니 손을 잡고 걸어갔어요. 아 람이와 새롬이의 발걸음이 씩씩해 보였지요.

"오늘 아람이가 퍽 의젓해졌네!"

새롬이 어머니께서 아람이를 돌아보며 칭찬하셨어요.

"새롬이도 오늘 무척 의젓해 보이는구나! 웬일이지?"

아람이 어머니께서도 새롬이를 칭찬하셨어요.

"오늘 초등학교에 갔다 왔거든요."

"푸른초등학교 일학년 교실에 가서 함께 공부했어요."

새롬이와 아람이가 번갈아 가며 자랑을 하였어요.

"일학년 교실에 가서 공부하니까 재미있었어?"

"선생님이 공부를 재미있게 가르쳐 주셨어요. 노래도 배웠어요."

"빨리 푸른초등학교에 가고 싶어졌어요."

"그래서 이처럼 의젓해진 것이로구나!"

새롬이 어머니와 아람이 어머니께서 한목소리로 칭찬을 하셨어요.

"얘들도 초등학교 갈 준비를 할 때가 되었어요."

아람이 어머니께서 웃음을 띠시며 얘기하셨어요.

"초등학교에 가면 힘드니까 튼튼하게 해 주어야 한다더군요."

"다들 병원에 데려간다지요?"

어머니들께서 얘기하시는 것을 듣고 있던 새롬이와

아람이가 소스라쳐 놀라며 입을 열었어요.

"병원에는 왜 가는 거예요?"

"병원 가는 거 싫어요. 난 병원이 제일 싫어!"

"초등학교에 입학하기 전에 진찰을 받아 보아야 하고, 예방 주사도 맞아야 한대."

새롬이 어머니께서 팔에 주삿바늘 꽂는 시늉을 하셨어요.

"예방 주사 맞기 싫어요!"

"엄마, 예방 주사 안 맞을래요."

새롬이는 어머니 앞에 나서서 두 손으로 비는 시늉을 하였어요. 아람이도 새롬이를 따라 어머니께 비는 시늉을 하였어요.

"예방 주사를 맞아야 튼튼해져. 튼튼해져야 초등학교에 가서 공부를 잘할 수 있지."

"새롬이 어머니께서 입학 준비하는 얘기를 자세하게 들으셨나 봐요. 어떤 예방 주사를 맞혀야 한대요?"

"입학하기 전에 홍역, 볼거리, 풍진, 디프테리아 같은 예방 주사를 맞혀야 한다는군요."

"꺄악!"

"아악!"

새롬이와 아람이가 팔짝 뛰며 소리를 질렀어요.

"빠뜨리지 말고 맞혀야겠네요. 건강이 제일이잖아요."

"아람이 엄마, 내일 애들 데리고 병원에 가요."

"그래요, 새롬이 엄마."

"안 돼요! 병원에 안 갈 거예요."

아람이가 먼저 소리쳤어요.

"그 많은 주사를 어떻게 맞으라는 거예요? 전 한 대도
안 맞을 거예요."

새롬이가 또 소리를 쳤지요.

"예방 주사 맞으려면 초등학교에 안 갈 거예요."

"저도 안 갈 거예요. 예방 주사 맞게 하는 초등학교
싫어요!"

아람이와 새롬이는 어머니들을 향해 소리치다가 달아
나 버렸어요.

예방 주사

뭐가 겁나?

　　새롬이와 아람이가 유치원을 마치고 나오자, 어머니
들께서 얼른 차에 태우셨어요.

　　"엄마, 병원에 가는 거 아니지요?"

　　"스파게티 사 먹으러 갈 거야."

　　새롬이 어머니께서 대답하셨어요.

　　"아이, 좋아! 난 스파게티가 너무 좋아."

　　아람이가 포크로 스파게티를 돌돌 감아 입에 넣는 시

늉을 하였어요.

새롬이는 입으로 '후루루룩' 소리를 내었어요.

"아람이와 새롬이 신 나게 해 주려고 가는 거란다."

아람이 어머니께서 운전을 하시며 말씀하셨어요.

스파게티 전문점에 들어가다가 연희와 연희 어머니를
만났어요.

"어떻게 여기 오셨어요?"

새롬이 어머니께서 반가워하시며 물으셨어요.

"식사하고 옆에 있는 소아과 병원에 가려구요. 초등학
교 입학하기 전에 예방 주사를 맞혀야 하잖아요. 진찰도
받아 보아야 하고."

"우리도 그러려고 왔어요."

새롬이 어머니께서 말씀을 하시다가, 문득 손으로 입
을 막는 시늉을 하셨어요.

"엄마! 병원에 안 간다고 하셨잖아요."

새롬이가 어머니를 올려다보며 울상을 지었어요.

"새롬아, 왜 그러니? 병원에 왜 안 가? 예방 주사 맞으면 튼튼해지는데. 그리고 병이 있나 없나 진찰해 보고 치료해야잖아."

연희 어머니께서 타이르시듯이 말씀하셨어요.

"연희는 병원에 간대요? 예방 주사 맞는대요?"

"그럼. 왜 튼튼해지는 걸 싫어하지?"

옆에 서 있던 아람이가 연희에게 물어보았어요.

"연희야, 정말이야? 병원에 갈 거야?"

"나, 갈 거야, 병원에 가면 좋잖아. 난 튼튼해지는 게 좋아. 튼튼해져야 초등학교에 가면 공부 잘할 수 있지. 너희들은 공부 잘하는 거 싫어?"

연희는 아람이와 새롬이를 번갈아 보며 또박또박 말하였어요.

"공부 잘하는 건 좋지만……."

아람이가 말을 더듬거리자,

"그럼 가. 나하고 같이 가면 되잖아. 하나도 겁 안 나.

아프지도 않아."

하고 연희가 말하였어요.

"그래 그래, 연희랑 같이 가면 되겠다."

새롬이 어머니께서 기뻐하셨어요.

"그럼 연희랑 식사를 같이 해야겠다. 같이 식사하고 같이 병원에 가면 되겠어."

아람이 어머니께서도 기뻐하셨지요.

"좋아요. 연희와 둘이서 외롭게 식사를 하려고 했는데……. 연희야, 좋지?"

연희도 좋다고 하였어요.

식사를 하면서 아람이가 연희에게 말하였어요.

"연희 너, 참 용감하구나!"

"그까짓 게 뭐 용감한 거야? 주사 맞는 건 조금만 참으면 되잖아. 난 조금 아파도 튼튼해지고 예뻐지는 게 좋아."

"연희는 얼굴도 예쁘고, 마음도 예뻐!"

아람이 어머니께서 연희를 칭찬해 주셨어요.

"마음이 예쁘면 얼굴이 더 예뻐지는 거야. 주사 한 대 맞는 걸 겁내고 그러면 얼굴이 안 예뻐져."

새롬이 어머니께서 아람이와 새롬이에게 타이르듯이 말씀하셨어요.

"연희야, 너 정말 팔 쑥 내밀고 주사 맞을 거니?"

새롬이가 고개를 갸우뚱하며 물었어요.

"그럼, 왜 못 맞아? 난 튼튼해지고 예뻐지는 건 다 하겠어. 너희들은 겁쟁이인가 봐."

"아니야. 겁쟁이 아니야, 나도 맞을 거야."

새롬이가 팔을 쑥 내밀며 소매를 걷어올려 보였어요.

"나도 맞을 거야!"

아람이도 포크를 떨어뜨리듯이 내려놓고, 팔을 쑥 내밀면서 소매를 걷어올렸어요.

어머니들께서 입을 가리시며 웃음을 터뜨리셨어요.

스파게티를 맛있게 먹고 난 뒤, 모두 소아과 병원으로

갔어요.

접수를 하고 기다리고 있는데, 하나가 오는 것이었어요.

"어, 하나야! 너도 예방 주사 맞으러 왔니?"

연희가 반가워하자, 하나는 고개만 끄덕였어요.

"너, 겁나서 그러지?"

"뭐가 겁나?"

하나가 불쑥 말했어요.

그때, 아람이가 큰 소리로,

"나도 겁 안 나. 튼튼해지면 좋은데 뭐가 겁나?"

하고 말하였어요.

"진찰 안 받고, 예방 주사 안 맞아서 병이 생기면 더 아픈걸 뭐."

아람이와 새롬이를 보고 계시던 아람이 어머니와 새롬이 어머니께서 서로 마주 보며 웃으셨어요.

"다들 미리 알고 오시는데, 새롬이 엄마 아니었으면 멍청하게 앉아 있을 뻔했어요."

아람이 어머니께서 다른 어머니들을 둘러보시며 부끄러워하는 표정을 지으셨어요.

"엄마들이 대단해요. 초등학교 입학을 엄마들이 하는 것 같다니까요. 모두들 흥분해서 야단들이에요."

새롬이 어머니 말씀을 듣자마자 하나 어머니께서 말씀을 이으셨어요.

"벌써 초등학교 공부를 시킨다고 떠들썩해요."

"벌써 초등학교 공부를 시켜요?"

아람이 어머니의 눈이 동그래지셨어요.

"그렇다니까요."

"그럼 하나도 공부를 시키나요?"

"그러려고 해요. 다들 준비시키니까요."

"우리도 시켜야겠네요, 새롬이 엄마."

새롬이 어머니께서 아람이 어머니를 바라보며 고개를 끄덕이셨어요.

"난 놀기만 했으면 좋겠는데……."

아람이가 새롬이를 돌아보며 말했어요.

"난 초등학교에 가서 그림책만 보았으면 좋겠어."

이때였어요. 간호사가 새롬이의 이름을 불렀어요.

새롬이는 진료실에 들어가 진찰을 받은 뒤, 주사실에 가서 주사를 맞았어요.

눈에 눈물이.맺힌 새롬이를 본 아람이는 주사실 앞에서 바들바들 떨었어요. 그러다가 주사실로 들어가 주사를 맞았어요.

아람이가 얼굴을 잔뜩 찡그리고 주사실에서 나오자 하나가 놀렸어요.

"너희들, 남자가 뭐 그러니? 유치원에 가서 소문 낼 거야."

"난 아니야. 난 아프지 않았어."

"나도 그래. 뭐가 아파?"

아람이와 새롬이가 팔을 들어올리며 아프지 않은 척하자, 어머니들이 서로 마주보며 웃음을 터뜨렸어요.

머칠이 지난 뒤였습니다.

아람이 어머니께서 아람이를 데리고 새롬이네 집에 오셨어요.

"아람이 데리고 공부시켜 보려니 잘 안 되어요. 어떻게 해야 할지 모르겠어요."

아람이 어머니께서 한숨을 쉬셨어요.

"이름을 쓸 줄 알고, 수를 셀 줄 알면 된다고 하는 엄마들도 있더라구요."

"그거야 지금도 되지요. 유치원에서 그런 건 배웠으니까."

"아람이 엄마, 이렇게 하면 어떨까요?"

새롬이 어머니께서 좋은 생각이 떠오른 것처럼 말씀하셨어요.

"아람이 엄마와 제가 나누어서 가르쳐 보면 어떻겠어요?"

"나누어서 어떻게 가르쳐요?"

아람이 어머니의 눈빛이 반짝이기 시작하셨어요.

"그러니까 국어, 수학, 슬기로운 생활, 바른 생활, 즐거운 생활을 나누어 맡아서 가르치는 거예요."

"새롬이네는 책이 많으니까 국어를 맡으세요. 국어가 제일 중요하잖아요."

"그럼 아람이 엄마는 수학을 맡으셔야겠네요."

"수학하고 바른 생활을 맡지요."

"좋아요. 제가 국어와 슬기로운 생활을 맡을게요. 즐거운 생활은 함께 가르치기로 해요."

"새롬이 엄마를 만나면 걱정이 싹 풀려 버린다니까."

어머니들께서 깔깔대고 웃으시는 소리를 듣고, 방에서 놀던 새롬이와 아람이가 달려나왔어요.

"엄마, 왜 그러세요?"

"이젠 아람이와 저를 수술시키려고 그러시는 거 아니

세요?"

아람이와 새롬이가 덜덜 떠는 시늉을 하며 물었어요.

"주사 맞더니 수술까지 하고 싶은가 봐."

새롬이 어머니께서 눈웃음을 치셨어요.

"아니에요. 병원 가는 건 죽어도 싫어요."

아람이가 손을 내저었어요.

"병원에 안 가도 되도록 튼튼하게 자라야지."

"예!"

아람이와 새롬이가 한목소리로 대답을 하였어요.

새롬이는 아람이를 데리고 다시 방으로 가려다가, 어머니께 여쭈어 보았어요.

"그런데, 아까 왜 웃으신 거예요?"

"너희들 수술해 주려고 웃었지. 아람이 엄마랑 의논을 했어."

"예?"

새롬이와 아람이는 소스라쳐 놀랐어요.

"놀라지 마렴. 공부 수술해 주려는 거니까."

"병원은 새롬이네 집과 아람이네 집이란다. 의사 선생님은 새롬이 엄마와 아람이 엄마이고."

"너희들이 초등학교에 입학하여 공부를 잘하도록 만들어 줄 거야. 이제 안심이 되니?"

새롬이는 입을 다문 채 고개를 갸웃거리다가 갑자기 소리를 질렀어요.

"초등학교에 가면 일등 할 거야!"

"나도 일등 할 거야!"

아람이도 따라서 소리를 질렀어요.

"수술을 조금만 해야겠어요."

"둘이 일등 하려고 다툴 것 같지요?"

어머니들께서 한바탕 웃음을 터뜨리셨어요.

"진짜 애들을 일등짜리로 만들고 싶네요."

아람이 어머니께서 웃음을 그치시며 얘기하셨어요.

"일등짜리를 만드는 것이 아니라, 일등짜리가 되도록 해 주어야지요. 자신이 가진 재능을 꺼내어 마음껏 펼칠 수 있도록 도와주어야 하는 거예요."

"맞아요. 그렇게 해요, 새롬이 엄마."

두 어머니께서는 손바닥을 마주 부딪치며 좋아하셨지요.

"그런데 어떻게 하지요? 어떻게 가르쳐야 하지요?"

아람이 어머니께서 걱정스러운 목소리로 말씀하셨어요.

"연구를 해야지요. 아이들을 일등짜리로 만들려면 엄마가 일등짜리 엄마가 되어야 하거든요."

"우선 일학년에서 뭘 배우는지 알아야 할 것 같아요."

"옆집에 일학년에 다니는 아이가 있어요. 일학기 때 배운 교과서를 빌리면 될 것 같아요."

어머니들께서는 교과서를 빌려서 한 장 한 장 넘겨 보며 의논을 하셨어요.

그런 뒤, 학용품을 사셨습니다. 색연필과 연필을 사고, 필통과 지우개를 사셨어요. 공책도 사셨지요.

그러고 난 뒤 공부를 시작하였어요. 하루는 새롬이네 집에서 공부하고, 하루는 아람이네 집에서 공부하였어요.

맨 처음에는 '우리들은 1학년' 책으로 공부하였어요.

새롬이 어머니께서는 아이들 앞에서 이름 말하기와

자기를 소개하는 방법을 가르쳐 주셨어요.

또, 피아노를 치시며 노래도 가르쳐 주시고, 한글 닿소리와 홀소리도 가르쳐 주셨어요. 그리고 책을 소리 내어 읽는 것도 가르쳐 주셨지요.

아람이 어머니께서는 친구들과 어울려 바르게 생활하는 것을 가르쳐 주셨어요. 오른쪽으로 사뿐사뿐 걸어

다니고, 차례를 지키고, 안전하게 행동하는 것을 가르쳐 주셨지요.

그리고 크레용을 바르게 쥐고 그림 그리는 것을 가르쳐 주시고, 1부터 9까지 세고, 쓰는 것을 가르쳐 주셨어요.

새롬이네 집에 함께 모여 가족 놀이도 하였어요. 가족들이 하는 일도 얘기하고, 가족의 자랑거리도 얘기하였지요.

우리들은 1학년을 공부한 뒤에는 국어, 수학, 바른 생활, 슬기로운 생활, 즐거운 생활을 공부하였어요.

놀이를 하면서 조금씩 공부하니 재미있었어요. 새롬이와 아람이가 더 친해지는 것 같았어요.

일등 엄마

얼마가 지난 뒤였어요.

아람이 어머니께서 말씀하시는 것이었어요.

"새롬이 엄마, 요즘 사립초등학교 신입생 입학 원서 접수를 하고 있다지요? 새롬이와 아람이를 사립 초등학교에 보내 보면 어떻겠어요? 공부를 시키다 보니 욕심이 생기네요."

"저도 그런 생각 해 보았어요."

"새롬이 엄마는 뭐든지 앞서서 생각하신다니까."

아람이 어머니께서 부러워하셨어요.

"공립 초등학교는 수업료가 없는데, 사립 초등학교는 3개월에 한 번씩 수업료를 내어요. 그렇지만 더 잘 배우기 때문에 아깝지가 않대요."

새롬이 어머니께서 사립 초등학교 얘기를 자세하게 하셨어요.

"사립 초등학교에서는 일학년부터 영어를 배워요. 모든 어린이들이 악기를 하나씩 배우게 하기도 해요. 시설이 좋아서 공부도 재미있게 가르친대요. 과학실에 가면 실험 기구가 잔뜩 있고, 도서실에 가면 책이 잔뜩 있지요. 교실에 있는 칠판도 전자 칠판이래요."

"공부를 너무 많이 시킨다고 아이들이 싫어하지 않을까요?"

"공부를 많이 시키지만 재미있게 시켜서 아이들이 더

좋아한대요."

"새롬이 엄마, 우리 사립 초등학교에 한번 가 보면 어떻겠어요?"

아람이 어머니께서 눈을 반짝이셨어요.

"가 보지 않아도 다 볼 수 있어요."

"가 보지 않고 어떻게 보아요?"

"인터넷 홈페이지에 들어가면 다 볼 수 있어요. 공부를 어떻게 가르치고, 아이들이 어떻게 활동하는지 다 나와 있거든요."

"어디 한번 보여 주세요."

새롬이 어머니께서 컴퓨터를 켜셨어요.

여러 초등학교 모습이 컴퓨터에 나왔어요. 열심히 살펴보시던 아람이 어머니께서 감탄을 하셨어요.

"초등학교 아이들이 오케스트라를 해요?"

"미국 카네기홀에 가서 연주회를 연 학교도 있대요."

"어머나! 다른 아이들은 카네기홀 구경도 못 해 볼 텐데⋯⋯."

"세계적으로 유명한 빈 소년 합창단이나 파리 나무십자가 합창단이 예술의 전당에서 공연을 할 때 사립 초등학교 합창단이 협연을 하기도 한대요. 함께 무대에 올라 노래를 부르는 것이지요."

"어머나! 그러니까 사립 초등학교에 보내려고 야단을 떠는군요."

"이런 학교에 다니는 아이들은 공부는 또 얼마나 잘하겠어요?"

"그렇겠지요."

"그래서 함부로 보내려는 생각을 못 해요. 혹시 못 따라갈까 봐서요."

"새롬이 엄마! 그건 걱정하지 않아도 돼요. 우리가 있잖아요!"

아람이 어머니의 목소리가 커지셨어요.

"아람이 엄마도 이제 일등 엄마가 다 되셨네요."

"새롬이와 아람이가 사립 초등학교에 입학하면 우리 두 엄마가 더 힘써서 도와주면 될 거예요. 절대 못 따라

가지 않을 거예요."

아람이 어머니의 목소리가 또 높아지셨어요.

"학년이 올라가면 도와주기 힘들어요. 숙제도 어렵고."

"그땐 아빠들 있잖아요. 아빠들도 일등 아빠로 만들면 되는 거예요. 아이들에게 관심을 갖도록 말이에요. 새롬이 엄마, 우리 사립 초등학교에 한번 가 봐요. 직접 가서 학교 시설도 구경하고, 공부하는 것도 보고 와요."

아람이 어머니께서 조르셨어요.

"그래요. 새롬이와 아람이도 데리고 갈까요?"

"그럼요. 아이들이 보면 얼마나 좋아하겠어요? 아이들이 좋아해야 보내지요."

그때, 바깥에 나가 놀던 새롬이와 아람이가 달려 들어 왔어요.

"얘들아, 너희들, 사립 초등학교에 갈래?"

아람이 어머니께서 물어보셨어요.

"사립 초등학교가 어떤 학교인데요?"

"옆 동네에 있는 백합초등학교 알잖아. 그런 학교가

사립 초등학교야. 가고 싶어?"

"학교가 멀잖아요."

"스쿨버스 타고 다닐 건데."

"예쁜 교복도 입어. 사진 보니까 너무 예쁘더라."

"너희들이 그 교복 입으면 사진에 있는 아이들보다 더

예쁠걸."

　새롬이 어머니와 아람이 어머니께서 번갈아 가며 자

랑을 하셨어요.

　"좋아요! 저, 갈 거예요."

　아람이가 먼저 좋다고 하였어요.

　"나도 갈 거야."

　새롬이도 좋아하였어요.

며칠이 지난 뒤, 새롬이와 아람이는 어머니와 함께 백합초등학교로 갔어요.

운동장에 녹색 잔디가 깔려 있었어요. 운동장을 돌아가니 교재원이 나왔어요. 교재원 가운데로 실개천이 흐르고 있었지요.

현관문을 열고 들어가니, 음악 소리가 울렸어요.

"오케스트라 연습을 하는가 봐요."

새롬이 어머니를 따라 오케스트라실로 가서 연주하는 모습을 먼저 구경하였어요. 그러고는 여기저기를 다니며 학교 시설과 공부하는 모습을 살펴보았어요.

"엄마, 이 학교 꼭 다니고 싶어요."

학교를 둘러보고 나오면서 새롬이가 말하였어요.

"이 학교에 꼭 뽑히도록 해 주세요."

아람이도 어머니를 졸랐어요.

집으로 돌아오다가, 사진관에 들어가 새롬이와 아람

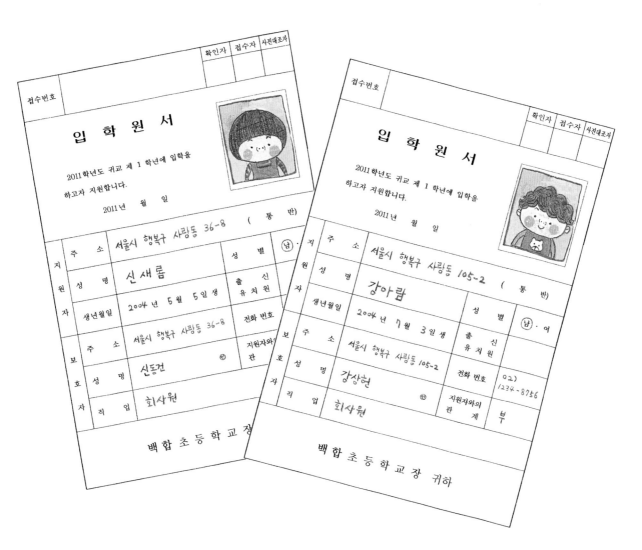

이 사진을 찍었어요. 며칠 뒤에 입학 원서를 써서 학교

에 내었지요.

추첨하는 날

마침내 사립 초등학교에서 새로 입학할 어린이를 뽑
으려고 추첨을 하는 날이 되었습니다.

어머니께서 새롬이를 아침 일찍 깨우셨어요.

"졸려요! 엄마, 더 잘게요."

새롬이는 이불을 다시 뒤집어썼어요.

"오늘 추첨하는 날이야. 어서 일어나서 준
비해야지."

어머니가 소리를 지르셨어요.

"오늘 추첨하는 날이구나!"

새롬이는 이불을 걷어차고 발딱 일어났어요. 얼른 화
장실로 달려들어가 씻고, 혼자 옷을 갈아 입었어요.

"엄마, 수험표 달아 주세요."

"벌써 옷을 갈아입었니?"

어머니께서 부엌에서 고개를 내밀고 살펴보셨어요.

"옷 입고 밥 먹을 거예요. 지금 수험표 달아 주세요.
엄마는 잘 잊어버리시잖아요."

"그래. 잊어버리기 전에 달아 줄게."

어머니께서 방에 들어가시더니 수험표를 들고 나오셨어요.

"79번 신새롬, 합격이야!"

어머니께서 새롬이 가슴에 수험표를 달아 주시고는 등을 툭 치며 소리치셨어요.

"합격이 날아가 버리겠네."

아버지께서 방에서 나오시며 빙긋 웃으셨어요.

"신새롬, 잘해!"

아버지께서 새롬이를 안아 주시고는 현관으로 나가셨어요.

"아빠, 잘 다녀오세요."

새롬이는 현관으로 따라 나가며 인사를 드렸어요.

"어서 밥 먹어."

어머니께서 밥을 차려 주셨어요. 새롬이는 식탁 의자

에 앉아 아침밥을 먹었어요.

밥을 다 먹기도 전에 아람이가 왔어요.

새롬이와 아람이는 어머니 손을 잡고 백합초등학교로 갔습니다.

학교 교실에 가니, 두 아이가 먼저 와 있었어요. 한 아이는 새롬이와 같은 유치원에 다니는 아이였어요.

조금 지나자, 아이들이 교실에 한 사람씩 잇따라 들어오기 시작하였어요. 할머니 손을 잡고 들어오는 아이도 있었어요.

아이들이 다 왔을 때, 선생님께서 장부와 추첨알 꾸러미를 들고 들어오셨어요.

"안녕하세요?"

선생님께서 아이들을 둘러보시며 인사를 하셨어요. 아이들은 눈을 깜박이며 선생님을 쳐다보기만 하였어요. 밥 주기만을 기다리며 숨을 죽이고 빤히 쳐다보는

강아지 모습 같았어요.

"지금 추첨하는 거 아니에요. 추첨은 이따가 강당에 가서 할 거예요. 방송 볼게요."

선생님께서 텔레비전을 켜셨어요. 교감 선생님이 나오셔서 말씀을 하셨지요.

방송에서 말씀하시는 대로, 선생님께서 장부를 들고 출석을 부르셨어요. 그러고는 번호대로 어머니들께 추첨알을 나누어 주셨어요.

"추첨알에 번호가 적혀 있어요. 수험표 번호와 맞춰 보세요."

조금 뒤에, 선생님께서 추첨알을 다시 거두셨어요.

"이제 추첨하러 갈 거예요. 어머니들께서는 복도로 나가셔서 줄을 서 주세요. 어린이들은 교실에서 기다려야 해요. 텔레비전에 재미있는 만화 영화가 나올 거예요. 만화 영화를 보고 있으면 어머니께서 데리러 오실 거예요."

곧 텔레비전에서 만화 영화가 나왔어요.

어머니들께서는 줄지어 강당으로 가셨어요. 강당 무대 위에 추첨할 준비가 되어 있었어요.

선생님들께서 교실에서 가져온 추첨알을 추첨함 속에 쏟아 부으셨어요.

"지금부터 새로 입학할 신입생을 뽑는 추첨을 시작하겠습니다."

교감 선생님께서 말씀하시자, 시끌시끌하던 강당이 조용해졌어요.

교장 선생님께서 제일 먼저 추첨함에 손을 넣어 추첨알 한 개를 집어 내셨어요.

어머니들께서 숨을 죽이고 교장 선생님을 올려다보셨어요.

"이 추첨알에 번호가 한 개만 적혀 있군요. 어쩌지요? 모두 뽑아 드렸으면 좋은데 말이에요."

교장 선생님께서 우스갯소리를 하시자, 모두 웃음을 터뜨리셨어요.

"추첨알에 적힌 번호를 불러 드리겠습니다. 12번입니다."

'12번'이란 번호가 불려지자, 박수 소리가 터져나왔어요.

한 어머니가 수험표를 들고 달려나갔어요.

"이제부터 어머니께서 저 대신 추첨알 아홉 개를 뽑아주세요."

교장 선생님께서 어머니께 추첨함을 맡기셨어요.

어머니께서 추첨알을 하나씩 뽑으셨어요. 맨 마지막에 뽑힌 어머니가 또 추첨함을 맡아서 뽑으셨지요.

번호가 불린 어머니들께서는 앞으로 나가 당첨 통지서를 받고 교실로 가셨어요. 교실에서 기다리고 있는 아이들을 데리고 집으로 가는 것이었어요.

새롬이 어머니와 아람이 어머니께서는 번호가 불려지
지 않아 마음을 졸이고 앉아 계셨어요. 숨이 막히는 것
같았지요.

'끝까지 안 뽑히면 어떻게 하지? 우리 새롬이가 떨어
지면 어떻게 하지?'

새롬이 어머니께서는 발을 동동 구르셨어요.

추첨이 거의 끝나갈 때쯤이었지요.

추첨알을 뽑는 어머니께서,

"79번."

하고 부르시는 것이었어요.

"와아!"

새롬이 어머니께서는 기뻐서 소리를 지르셨어요.

당첨 통지서를 받고 교실에 가서도 소리를 지르셨지요.

"새롬아, 뽑혔어! 합격했어!"

교실에 남아 있던 아이들이 모두 뒤를 돌아보았어요.

"엄마, 저, 정말 뽑혔어요?"

"이것 봐, 당첨 통지서야. 네 이름 있지? 79번이지?"

"맞아요, 엄마."

"너, 이제 백합초등학교에 다니게 됐어!"

새롬이는 얼른 손가락으로 브이 자를 만들어 반짝 치켜올렸어요. 그러는 새롬이를 어머니께서 덥석 껴안으셨어요.

"그런데 엄마, 아람이는 어떻게 됐어요?"

새롬이가 아람이를 돌아보았어요.

"아람이는 아직 안 뽑혔어."

갑자기 새롬이 어머니의 얼굴빛이 변하셨어요.

"아람이도 뽑혀야 할 텐데. 만약 안 뽑히면 어떻게 하지?"

"아람이 엄마 오실 때까지 기다려 보자. 뽑히면 금방 오실 거야."

기다려 보아도 아람이 어머니께서는 오시지 않으셨어요.

얼마 뒤, 추첨에서 뽑히지 않은 어머니들께서 줄지어 교실로 오셨어요. 아람이 어머니께서도 그 속에 끼어 오셨지요.

일등 할 거야

추첨에서 떨어진 아이들이 집으로 돌아가지 않고 여기저기에서 울고 있었어요. 복도에서 울고 있는 아이도 있고, 교재원에서 울고 있는 아이도 있고, 교문에서 울고 있는 아이도 있었어요. 아이가 우니까 덩달아 손등으로 눈물을 찍어 대는 어머니도 있으셨지요.

아람이도 교재원 앞에 멈춰서서 울었어요.

"아람아, 울지 마."

새롬이가 달래어도 울음을 그치지 않았어요.

"아람아, 어서 집에 가."

"너나 가렴. 넌 뽑혀서 좋지?"

"나도 슬퍼. 함께 뽑히지 않아서 말이야."

"너만 이 학교에 다니면 되잖아."

"너랑 함께 다니기로 했잖아."

"그런데 왜 너만 뽑힌 거야?"

아람이는 새롬이를 노려보듯이 돌아보며 식식거렸어요.

"아람아, 새롬이가 그런 게 아니란다. 엄마가 너를 뽑아 주지 못해서 그런 거야."

어머니께서 달래어도 새롬이는 식식거리기만 하였어요.

"난 새롬이 싫어! 생일 잔치에도 못 오게 할 거야."

"새롬이가 잘못한 게 아니라니깐."

"그래도 전 싫어요!"

아람이는 어머니께 화풀이를 하였어요.

"이제 친구도 안 할 거야?"

"같은 학교에 안 다닐 건데, 무엇 하러 친구 해요?"

"같은 학교에 안 다녀도 같이 놀고, 같이 공부하고 해야지. 지금처럼."

"인제 공부도 안 할 거예요."

자꾸만 생떼를 쓰는 아람이를 지켜보던 새롬이 어머

니께서,

"아람이가 다닐 학교도 좋아. 아람이는 푸른초등학교에 갈 것이거든. 집에서 가깝고, 공부도 더 많은 걸 배울 수 있으니 얼마나 좋아?"

라고 말씀하시며 머리를 쓰다듬어 주셨어요. 아람이는 고개를 내두르더니 혼자 저벅저벅 걸어가 버렸어요.

"엄마, 슬퍼요!"

집에 돌아온 새롬이는 눈물을 찔끔거렸어요.

"새롬아, 슬퍼하지 마."

어머니께서 달래셨어요.

"아람이가 떨어져서 자꾸 슬퍼져요."

"아람이가 다닐 학교에는 좋은 친구들이 더 많아. 공부도 재미있게 가르쳐 주신대. 너희들, 유치원에서 견학 가 보았잖아."

"좋은 거 알아요. 그렇지만 아람이와 함께 학교에 다니지 못하잖아요. 학교가 달라서요."

"새롬아, 이젠 네 생각을 해 보도록 하자."

"어떤 생각이요?"

"오늘이 우리 새롬이에겐 너무 기쁜 날이야. 아빠도 얼마나 기뻐하셨는지 몰라."

"그렇지만 전 기쁘지 않아요."

"슬픈 생각만 하니까 그래. 새롬이가 예쁜 교복을 차려입고 백합초등학교에 가서 즐겁게 생활하는 모습을 생각해 봐. 모두들 얼마나 부러워하겠어?"

"아람이는 미워할 거예요."

새롬이 어머니께서 아무리 새롬이를 달래려고 애써도 되지 않았어요. 새롬이는 슬퍼하기만 하였지요.

"아람이가 미워하지 않을 거야."

"미워서 생일잔치에도 못 오게 하잖아요. 생일 선물을

사 놓고 기다렸는데."

그때, 새롬이 아버지께서 퇴근을 하셔서 오셨어요.

"새롬아, 왜 그러니? 기쁜 날 왜 눈물을 찔끔거려?"

"아람이 때문이에요. 아람이가 추첨에서 떨어져서 슬퍼하고 있어요."

새롬이 어머니의 목소리도 조금 떨렸어요.

"당신 목소리도 슬퍼하는 목소리 같은걸. 엄마 때문에 새롬이가 슬퍼하는 거 아니오? 전염이 되어서."

"아니에요. 새롬이를 아무리 달래어도 안 되어요."

"아빠가 새롬이 축하해 주려고 일찍 왔는데 어쩌지? 새롬이가 슬퍼하고 있으니."

아버지께서 새롬이 손을 잡으시며 말씀하셨어요.

"아빠, 제가 추첨에서 뽑혔다고 기뻐하면 아람이가 더 미워할 것 같아요."

"아빠가 축하해 주는 것도 싫다는 말이로구나."

"예, 아빠. 저는 아람이와 함께 학교에 다니고, 함께 공부하고 싶어요."

"그럼 어떻게 하니? 아람이가 백합초등학교에 다닐 수 없으니, 새롬이가 푸른초등학교에 가야겠구나."

"그렇게 했으면 좋겠어요."

"그건 안 돼!"

새롬이 어머니께서 펄쩍 뛰셨어요.

"넌 너무 철이 없어. 백합초등학교 합격하기가 얼마나 힘든 줄 아니? 모두들 부러워하는데, 넌 그걸 몰라."

"저도 그건 알아요. 그렇지만 아람이가 떨어져서 슬픈 거예요. 아람이 생일잔치에도 가고 싶어요."

새롬이 아버지께서 새롬이를 잠자코 바라보시더니 입을 떼셨어요.

"새롬아, 내일 아람이 생일잔치에 가려무나."

"오지 못하게 해요, 아빠."

"아람이가, 새롬이와 학교에 같이 다니지 못하게 되어서 심통이 났던 거야. 그러니까 아람이에게 가서 이렇게 말하려무나."

"어떻게요, 아빠?"

"'아람아, 푸른초등학교에 입학하게 되어 축하해! 초등학교 견학을 하고 와서 네가 그랬잖아. 푸른초등학교에 빨리 가고 싶다고. 우리 유치원 아이들이 푸른초등학교에 제일 많이 가니까 친구들이 많아서 좋겠어. 나도 백합초등학교에 입학하여 친구들을 많이 사귈 거야. 내 생일 때 함께 만나 놀자.' 이렇게 말이야."

다음날, 새롬이는 생일 선물을 가지고 아람이네 집에 갔어요.

유치원 친구들이 많이 와 있었어요. 연희와 하나도 있었지요.

"새롬아, 이것 보고 아람이 축하해 줘."

연희가 벽 쪽을 가리켰어요. 벽에 커다란 종이가 붙어 있었어요.

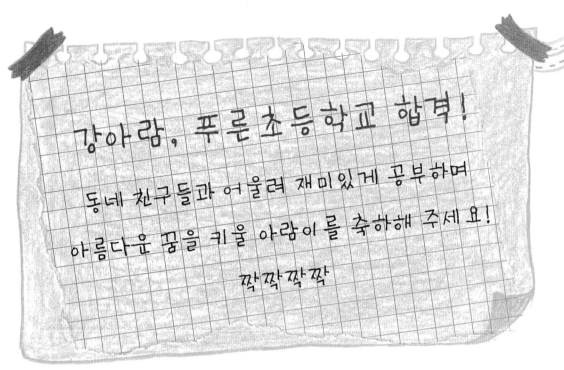

강아람, 푸른초등학교 합격!

동네 친구들과 어울려 재미있게 공부하며

아름다운 꿈을 키울 아람이를 축하해 주세요!

짝짝짝짝

새롬이는 커다란 종이에 쓰여진 글자를 읽어 보고 나서 손뼉을 치며 축하해 주었어요. 그러고는 아버지께서 일러 주신 말씀을 또박또박 들려 주었어요.

"새롬아, 고마워! 어제는 너한테 심통을 부려 미안해. 나, 여기 있는 친구들하고 푸른초등학교에 입학하여 재미있게 뛰어놀며 열심히 공부할 거야."

"아람아, 어제는 나도 슬펐어. 이제는 네가 부러워!"

"너도 친구들 많이 사귀어."

"그래. 새로운 친구들 많이 사귈게. 내 생일 때 함께 만나서 놀자."

"그래, 좋아!"

새롬이와 아람이는 웃으며 손바닥을 마주 부딪쳤어요. 두 사람을 가만히 올려다보고 있던 아이들이 '짝짝 짝짝' 손뼉을 치며 좋아하였어요.

"생일 축하합니다. 생일 축하합니다."

아이들은 모두 신이 나서 생일 축하 노래를 큰 소리로 불러 대었어요.

초등학교에 입학하고 얼마가 지났을 때였어요.

새롬이가 탄 스쿨버스가 푸른초등학교 앞길을 지나가고 있었어요.

창밖을 내다보던 새롬이가 갑자기 소리를 질렀어요.

"아람이다! 기사 아저씨, 저, 여기서 내릴게요. 세워 주세요."

"새롬이가 내릴 곳이 아닌데, 왜 내리려고 하지?"

"유치원 때 친구가 저기 있어요. 친구를 만나 같이 갈 거예요. 어서 내려 주세요."

기사 아저씨께서 차를 세워 주셨어요.

허둥지둥 차에서 뛰어내린 새롬이는 아람이에게로 달

려갔어요.

"아람아!"

"어, 새롬아!"

연희와 함께 걸어오던 아람이가 발걸음을 멈추며 반

가워하였어요.

"스쿨버스에서 내린 게 너였구나. 교복을 입어서 너인

줄 몰랐어."

"창밖을 내다보니 네가 보여서 얼른 내렸지."

"새롬아, 교복 예쁘네!"

연희가 옆에서 교복을 훑어보며 눈빛을 반짝이었어요.

"새롬이 네가 입으니까 더 멋져 보여!"

아람이도 교복을 만져 보며 부러워하였어요.

"너희 옷도 예쁜걸, 뭐."

"그래, 우리 옷은 마음대로 뛰어놀 수 있어서 좋아."

아람이가 발을 동동 구르며 뛰는 시늉을 하였어요.

"새롬이 넌 스쿨버스 타고 다니니까 편해서 좋겠어. 집 앞에서 타면 교실 앞에서 내리지?"

"응, 그렇게 하니까 안전해서 좋아. 학교에 다닐 때 위험한 일이 생기지 않거든."

새롬이가 연희를 돌아보며 말하였어요.

"우리도 안전하단다."

아람이가 갑자기 뾰로통해지더니,

"친구랑 같이 다니면 위험하지 않아. 정해진 통학로로 다니면 안전해. 친구들과 이야기하면서 정답게 걸어다니니까 더 좋아."

하고는 혼자 저벅저벅 걸어가는 것이었어요.

새롬이는 얼른 달려가 아람이 앞을 막아섰어요.

"아람아, 너희 학교도 공부하는 거 재미있지?"

"응. 재미있어!"

"우리 학교도 너무 재미있어. 아람아, 우리 일등 하자!"

"으응. 나, 일등 할 거야!"

아람이가 큰 소리로 말하였어요.

"나도 일등 할 건데!"

연희도 달려오며 큰 소리로 말하였지요.

"모두 일등 하면 더 좋지!"

새롬이가 두 손 손가락으로 브이 자를 만들어 치켜들며 아람이와 연희를 바라보았어요. 아람이도 얼른 따라 하였어요. 머뭇머뭇하던 연희도 브이 자를 만들더니 반짝 치켜들었어요.

브이 자 여섯 개가 세 사람의 머리 위에서 반짝반짝 빛을 내었어요.

입학 준비, 어떻게 할까요?

1. 어떤 학교에 보낼 수 있나?

① 초등학교 구분

학교는 설립 주체에 따라 공립 학교, 국립 학교, 사립 학교로 구분 지어집니다. 초등학교도 그와 같이 공립 초등학교, 국립 초등학교, 사립 초등학교로 구분이 됩니다.

공립 초등학교는 시·도에서 설립한 학교로, 대부분의 초등학교가 이에 속합니다. 이런 공립 초등학교는 동네마다 있거나 읍·면마다 있어서 통학하기가 편합니다.

국립 초등학교는 국가에서 설립한 학교로, 국립 대학교 사범대학교나 교육대학교에 부설되어 있습니다.

사립 초등학교는 사립 대학교나 학교 법인에서 설립한 학교입니다. 사립 초등학교는 서울에 39개교, 지방에 35개교가 있습니다.

이런 학교들 외에 장애가 있는 어린이들이 다니는 정신박약아 학교, 농아 학교, 맹아 학교 등의 특수 학교가 있습니다.

② 학교별 입학 조건

공립 초등학교는 취학 적령이 되면 의무 취학을 하게 됩니다. 국립 초등학교나 사립 초등학교, 특수 학교 등에 입학하지 않는 어린이는, 동 주민센터에서 취학 통지서를 가정에 보내 의무 취학을 하게 하는 것입니다.

취학 적령이 되지 않아도 조기 취학을 원할 경우 취학할 수 있으며, 취학 적령인데도 입학 연기(취학 의무 유예) 신청을 하면 취학을 유예할 수 있습니다.

공립 초등학교는 누구나 취학할 수 있지만, 학구제이기 때문에 학구를 벗어나 취학할 수는 없습니다.

국립 초등학교와 사립 초등학교는 학구제가 아니어서 해당 시·도 내 어느 학교에든지 지원할 수가 있습니다. 그러나 입학 전형(추첨)을 실시하여 입학 예정 아동을 선발하기 때문에 선발이 되어야만 입학이 가능해집니다.

③ 입학 전형(추첨)

국립 초등학교와 사립 초등학교는 신입생 모집을 하여, 지원자가 모집 정원을 초과할 경우 전형을 통해 입학 예정 아동을 선발합니다. 전형 방법은 거의 전부가 추첨 방식입니다. 은행알을 추첨함에 넣고 뽑는 직접 추첨 방식과 컴퓨터를 이용한 간접 추첨 방식으로 전형을 하게 됩니다.

국립 초등학교와 사립 초등학교의 입학 전형(추첨) 시기는 비슷합니다. 각 지역별 시기도 비슷합니다.

입학 원서 접수는 11월 초순에서 중순에 걸쳐 합니다. 그리고 입학 전형(추첨)은 11월 중순에서 12월 초순에 걸쳐 합니다.

지원 비율이 높은 학교는 1대 7을 넘어서기도 하지만, 정원에 미달하는 사립 초등학교도 있습니다. 정원에 미달하는 학교는 지원을 하면 모두 선발이 됩니다. 추가 모집을 할 때 지원할 수 있는 기회도 생깁니다.

　모집 학급수는 1~6학급입니다. 3~4학급을 모집하는 학교가 대부분입니다. 1학급의 학생수는 대부분 24명~28명입니다.

　국립 초등학교와 사립 초등학교 입학 전형(추첨)에서 낙첨될 경우에는 공립 초등학교에 입학을 하게 됩니다.

2. 언제 취학시킬 수 있나?

① 의무 취학 대상

　2011학년도에 의무 취학할 아동은 2004년 1월 1일부터 12월 31일 사이에 출생한 만 6세 아동입니다.

　2012학년도에 의무 취학할 아동은 2005년 1월 1일부터 12월 31일 사이에 출생한 아동이 됩니다.

② 조기 입학 대상

　신체적으로나 지적으로 조숙하여 조기 취학을 원할 경우 만 5세에 취학할 수 있습니다. 2011학년도 입학을 기준으로 할 경우 2005년 1월 1일부터 12월 31일 사이에 출생한 아동이 대상이 됩니다.

③ 입학 연기(취학 의무 유예) 대상

　신체적으로나 지적으로 미성숙하거나 질병 등의 원인으로 인해 의무 취학이 불가능할 경우 유예(입학 연기) 신청을 하여 취학을 유예하였다가 취학

할 수 있습니다.

2011학년도 입학을 기준으로 하면, 1999년 3월 1일부터 2003년 12월 31일 사이에 출생한 아동이 의무 취학 대상이 됩니다.

④ 입학 전 이사

입학하기 전에 이사를 하게 되면 새 주소지의 동 주민센터나 읍·면 사무소에 가서 전입 신고를 하고 취학 통지서를 발급받도록 해야 합니다.

3. 취학 절차와 시기

① 취학 아동 명부 열람

12월 초순에 동 주민센터나 읍·면 사무소에 가서 취학 아동 명부를 열람할 수 있습니다.

② 취학 통지서

취학할 해의 1월 말에서 2월 초에 걸쳐 동 주민센터나 읍·면 사무소에서 취학 통지서를 발급하여 가정에 전해 줍니다. 이 기간 중에 취학 통지서를 받지 못하면 취학 아동 대상에서 누락이 될 수도 있기 때문에 확인을 해 보고 발급받도록 해야 합니다.

취학 통지서에는 입학할 학교, 예비 소집 일시, 입학식 일시 등이 기록됩니다.

③ 예비 소집

입학할 학교에서 2월 10일경에 예비 소집을 합니다.

예비 소집 때, 취학 통지서를 내고 입학 안내 자료를 받습니다. 입학 안내 자료에는 입학을 하기 전에 참고해야 할 사항들이 적혀 있습니다. 입학하기 전의 자녀 지도, 입학한 후의 학교 생활, 입학식 안내 등의 내용은 중요하기 때문에 반드시 참고해야 합니다.

국립 초등학교와 사립 초등학교에서도 예비 소집을 합니다. 대부분 학부모만 학교에 와서 취학 통지서를 내고 입학 안내 자료를 받아 가게 됩니다.

④ 반 배정 및 담임 교사 발표

예비 소집 때 확인한 자료를 근거로 2월 하순에 반 배정을 하게 됩니다. 반 배정 내용은 학교 홈페이지를 통해 대부분 발표합니다. 입학식을 하는 날 반 배정표를 크게 만들어 게시해 놓고 보게 하기도 하지요.

담임 교사 발표는 대부분 입학식 때 하게 됩니다.

⑤ 입학식

대부분 신학년도가 시작되는 3월 2일에 입학식을 합니다. 3월 2일에 입학을 하고, 입학식은 사전 지도를 한 뒤에 하는 학교도 있습니다.

입학식은 강당이나 체육관에서 합니다. 강당이나 체육관 등 실내 공간이 없는 학교에서는 운동장에서 합니다.

입학식이 끝나면 담임 교사와의 시간을 가집니다. 담임 교사가 여러 가

지 주의 사항을 얘기해 주고, 주간 생활 계획표 등의 유인물을 나눠 주지요.

4. 입학 전에 무엇을 준비해야 하나?

① 건강 검진

아동이 학교에 입학하여 적응을 잘하려면 건강이 뒷받침되어야 합니다. 그렇기 때문에 입학하기 전에 반드시 건강 상태를 확인해 보도록 해야 합니다.

이상이 있는 경우 진료를 받고, 예방 접종을 하도록 합니다. 특히 홍역은 2차 예방 접종을 받은 뒤 확인서를 받아 학교에 내야 하기 때문에 반드시 접종을 해야 합니다.

② 학용품

예비 소집 때 받은 입학 안내 자료를 참고로 하여 종합장, 색연필, 크레용, 연필, 필통, 가방 등 기초적인 학용품만 준비합니다. 다른 학용품은 입학 후 담임 교사의 계획에 따라 준비하는 것이 좋습니다. 더구나 요즘은 학교에서 학용품이나 준비물을 제공하는 사례가 많기 때문에 담임 교사의 말을 들어 보고 준비하는 것이 지혜롭습니다.

학교에서 사용할 학용품이나 소지품에는 반드시 이름을 쓰게 합니다.

③ 학습

한글의 자음과 모음을 익히게 하고, 연필을 바르게 쥐고 글씨를 쓰는 습관을 기르게 합니다. 책을 읽을 때는 큰 소리로 읽고, 발표를 할 때 바르게

서서 큰 소리로 또박또박 말하도록 합니다.

그리고 1에서 50까지 세고, 쓰며, 한 자리 수 덧셈과 뺄셈을 할 수 있도록 해 줍니다.

④ 생활 습관

스스로 하는 습관을 익히도록 해야 합니다. 스스로 일어나고, 스스로 씻고, 스스로 옷을 입고, 음식물을 꼭꼭 씹어서 먹도록 해 줍니다.

정리정돈을 하게 하는 것도 중요합니다. 쓰던 물건을 제자리에 두고, 보던 책을 제자리에 꽂고, 신발을 가지런히 벗어 두게 합니다.

그리고 인사를 바르게 할 수 있게 합니다.

⑤ 통학로 익히기

자녀를 데리고 학교에 몇 차례 가고 오면서 통학로를 익히게 해 줍니다. 학교의 위치와 집의 위치를 분명히 알게 해 주고, 횡단보도를 건널 때 뛰지 않고 손을 들고 건너는 습관을 들이게 해 줍니다.

⑥ 학교 익히기

학교 홈페이지나 예비 소집 때 받은 입학 안내 자료를 이용해서 학교의 시설, 교가, 교장 선생님 이름 등을 익혀서 학교에 대한 친근감을 갖게 해 줍니다.

5. 학부모는 어떤 마음가짐을 가져야 하나?

① 학교 교육 신뢰

학교의 교육 특성을 이해하고 신뢰하도록 해야 합니다. 특히 자녀에게 학교 교육의 좋은 점을 얘기해 주어 긍지심을 갖도록 하는 것이 필요합니다. 그래야 자녀가 학교 생활에 적극성을 띠게 됩니다.

② 학교 행사 참여

학교의 행사 내용과 참여 방법을 미리 알아 두도록 하고, 기회가 있으면 참여할 수 있도록 합니다. 특히 신입생 학부모 오리엔테이션, 학부모 총회, 수업 참관 등의 행사는 빠뜨리지 않도록 합니다.

③ 학교 교육 참여

요즘은 학교가 개방되어 학부모 참여 기회가 많아졌습니다. 학교 운영위원회, 학교급식 운영위원회, 방과후학교 운영 자문위원회, 명예 교사, 보조 교사, 독서 도우미 등 학교 교육에 직접적으로 참여해 볼 수 있는 기회를 가져 보도록 합니다.

학교 교육에 대해 깊이 이해할 수 있는 계기가 될 뿐만 아니라, 자녀에게 자신감을 심어 줄 수 있는 교육적 의미도 있기 때문에 적극성을 가져 볼 필요가 있습니다.

제대로 된 인성 교육은 삶의 가치를 바꾸어 놓습니다

바른 인성을 가진 아이가 밝은 미래를 이끌어 갑니다.
스스로 정의롭고 아름다운 인생을 가꿀 수 있는 방법을 가르쳐 주세요.

★한국문화예술위원회 선정 우수문학도서★
★어린이문화진흥회 선정 좋은 어린이 책★
★한우리 선정 굿북★

① 세상에서 제일 잘난 나(자신감)
② 꼴찌여도 괜찮아(끈기)
③ 먼저 손을 내밀어 봐(화해)
④ 달라진 내가 좋아(좋은 습관)
⑤ 너 때문에 행복해(배려)
⑥ 우리 반 암행어사(리더십)
⑦ 그래, 결심했어!(절제)
⑧ 강아지로 변한 날(고운 말)

각권 80쪽 내외 | 각권 8,000원

일주일 만에 끝내는 교과서 시리즈

동화로 배우는 신나는 교과서!

1. 일주일 만에 끝낸다!

월, 화, 수, 목, 금, 토, 일. 일주일 만에 학습의 핵심을 잡을 수 있습니다. 현행 교육 과정에 기초한 초등학교 교과 내용과 초등학생에게 꼭 필요한 교양 기초 상식 학습을 일주일 만에 끝낼 수 있도록 정리해 주었습니다.

2. 함정에서 탈출시킨다!

어린이들이 학교 수업에서 자주 빠지는 함정이 있습니다. 잘못 알고 있는 개념이 오답을 부르고, 이것이 공부에 자신감을 잃게 만듭니다. 시험에 속기 쉬운 오개념을 확실하게 잡아 주어 더 이상 함정에 빠지지 않도록 해 줍니다.

3. 입체적인 학습 효과!

[학습 만화 + 동화 + 문제]를 통해 재미없고 지루할 수 있는 학습을 재미있게 구현했습니다. 각 장의 도입 부분은 만화로 꾸며지고, 그 뒤에 재미있는 동화 한 편, 그리고 다시 복습할 수 있는 문제를 덧붙였습니다.

로운어린이교육연구회 기획 · 글 | 각권 11,000원